ALPHABET

INGÉNIEUX,

OU

MÉTHODE

TRÈS-FACILE

POUR APPRENDRE A LIRE

en peu de jours;

A l'usage des Écoles Chrétiennes.

A LISIEUX,

De l'Imprimerie de P. C. TISSOT.
1833.

PRÉFACE.

L'Usage de cet Alphabet ingénieux est non seulement utile aux enfans, mais même à une infinité de personnes qui ne savent pas lire régulièrement, parce qu'elles n'ont jamais réfléchi sur la difficulté qu'il y a de savoir distinguer et assembler les syllabes ; ce que connoîtront clairement ceux qui se serviront de ce Livre ; car il renferme la méthode d'apprendre à bien lire en peu de jours ; et est absolument nécessaire pour l'orthographe, étant certain qu'on ne peut écrire un mot qu'auparavant l'esprit n'en ait distingué et assemblé les syllabes; ainsi les fautes que l'on fait, viennent de ce qu'on ne sait pas syllaber les mots, ne connoissant pas le nombre des lettres, ni les voyelles et consonnes qu'il faut pour composer une syllabe.

De la Lettre.

La Lettre est une partie indivisible du discours.

On compte ordinairement vingt-trois lettres, mais en y ajoutant *j* et *v* consonnes, et *s* ronde ou finale, il y en a vingt-six, qui sont A, B, C, D, etc.

On nomme voyelles, *a, e, i, o, u, y*, parce que ces lettres forment un son d'elles-mêmes.

On nomme consonnes les autres lettres, parce qu'elles sont jointes avec une voyelle.

Par exemple, la lettre *B* ne forme aucun son d'elle-même, si elle n'est suivie d'une de ces cinq voyelles, comme *Ba, Be, Bi, Bo, Bu*. Il en est de même de toutes les autres lettres consonnes. Il est fort utile que les enfans qui apprennent à lire soient instruits sur ceci.

L'*j* consonne se distingue de l'*i* voyelle par sa figure, et se joint aux voyelles pour faire les syllabes, comme *ja, je, ji, jo, ju*, etc.

L'*v* consonne se distingue aussi de l'*u* voyelle par sa figure et se joint aux voyelles pour faire les syllabes, *va, ve, vi, vo, vu*, etc.

Or la lecture de ce Livre servira à détruire tous les doutes, que l'esprit pourra avoir sur ce sujet, puisque l'on y a disposé à gauche les mots dans l'ordre commun et ordinaire, et à la droite ces mots sont séparés par un trait perpendiculaire, et les syllabes par un trait horizontal. Cette méthode est d'un grand secours pour ceux qui sont enseignés, comme il se remarque dans les pays étrangers, qui se servent de cette manière d'enseigner, avec un succès admirable. C'est ce qui a obligé à le rendre public.

A a b c d e f g h i j k l m n o p
q r s t u v x y z.

Lettres Capitales.

A B C D E F G H I J K L M N O P
Q R S T U V X Y Z.

Lettres doubles.

| ff | fi | fl | ffl | ffi. |

Voyelles.

| a | e | i | o | u | y. |

Confonnes.

| b | c | d | f | g | h | j | k | l | m | n |
| p | q | r | s | t | v | x | z. |

a	b	c	d	e	f	g	h	ij	k	l	m
a	*b*	*c*	*d*	*e*	*f*	*g*	*h*	*ij*	*k*	*l*	*m*
n	o	p	q	r	ſs	t	u	v	x	y	z
n	*o*	*p*	*q*	*r*	*ſs*	*t*	*u*	*v*	*x*	*y*	*z*

A	B	C	D	E	F	G	H	IJ	K	L	M
A	*B*	*C*	*D*	*E*	*F*	*G*	*H*	*IJ*	*K*	*L*	*M*
N	O	P	Q	R	S	T	U	V	X	Y	Z
N	*O*	*P*	*Q*	*R*	*S*	*T*	*U*	*V*	*X*	*Y*	*Z*

SYLLABES.

a	e	i	o	u
ba	be	bi	bo	bu
ca	ce	ci	co	cu
da	de	di	do	du
fa	fe	fi	fo	fu
ga	ge	gi	go	gu
ha	he	hi	ho	hu
ja	je	ji	jo	ju
la	le	li	lo	lu
ma	me	mi	mo	mu
na	ne	ni	no	nu
pa	pe	pi	po	pu
qua	que	qui	quo	quu
ra	re	ri	ro	ru
ſa	ſe	ſi	ſo	ſu
ta	te	ti	to	tu
va	ve	vi	vo	vu
xa	xe	xi	xo	xu
za	ze	zi	zo	zu

SYLLABES

a	e	i	o	u
ab	eb	ib	ob	ub
ac	ec	ic	oc	uc
ad	ed	id	od	ud
af	ef	if	of	uf
ag	eg	ig	og	ug
ah	eh	ih	oh	uh
al	el	il	ol	ul
am	em	im	om	um
an	en	in	on	un
ap	ep	ip	op	up
aq	eq	iq	oq	uq
ar	er	ir	or	ur
as	es	is	os	us
at	et	it	ot	ut
ax	ex	ix	ox	ux
ach	ech	ich	och	uch
aph	eph	iph	oph	uph
ast	est	ist	ost	ust

SYLLABES.

bla	ble	bli	blo	blu
cla	cle	cli	clo	clu
fla	fle	fli	flo	flu
gla	gle	gli	glo	glu
pla	ple	pli	plo	plu
sla	sle	sli	slo	slu
tla	tle	tli	tlo	tlu
vla	vle	vli	vlo	vlu
bra	bre	bri	bro	bru
cra	cre	cri	cro	cru
dra	dre	dri	dro	dru
fra	fre	fri	fro	fru
gra	gre	gri	gro	gru
pra	pre	pri	pro	pru
tra	tre	tri	tro	tru
vra	vre	vri	vro	vru
chla	chle	chli	chlo	chlu
chra	chre	chri	chro	chru
pha	phe	phi	pho	phu
phla	phle	phli	phlo	phlu
phra	phre	phri	phro	phru
tha	the	thi	tho	thu
thra	thre	thri	thro	thru
tia	tie	tii	tio	tiu
ça	ce	ci	ço	çu

DIPHTONGUES FRANÇOISES

ai, *j'ai, ferai, trait, Palais.*
ao, *Laon, paon, faon.*
au, *haut, cause, maux, saut.*
ay, *balayer, rayons, Paysan, payé.*
ea, *Jean, engeance, jugea, mangeant.*
eau, *beau, de l'eau, jumeaux, sceaux.*
ei, *le sein, les reins, peint, feindre.*
eo, *plongeon, pigeons, songeons.*
eoi, *Bourgeois, mangeoire, changeois.*
eu, *feu, fleurir, peut, heureux.*
euil, *un écureuil, feuille, Mareuil.*
œil, *œil, œillet.*
œu, *sœur, cœur, œufs, vœu.*
oi, *Roi, emploi, voir, loin, faisoit, Hollandois.*
oie, *avoient, crioient, buvoient.*
ou, *tout, poudre, hibou, doux.*
oui, *ouir, fouir, dépouille, mouiller.*
oy, *croyez, voyant.*
ui, *lui, conduit, vuide, suivant.*
ueil, *cueillir, recueil, orgueil, fauteuil.*
ueu, *gueule, longueur, gueuser, liqueur.*
aill, *paille, bailler, travailler, vaillant.*
eill, *veiller, merveille, appareiller.*
ouill, *mouille, quenouille, gazouiller.*

L'Oraison de Notre-Seigneur Jésus-Christ.

NOTRE Père qui êtes aux Cieux, que votre nom soit sanctifié; que votre Règne arrive : que votre volonté soit faite sur la terre comme dans le Ciel; donnez-nous aujourd'hui notre pain quotidien, et nous pardonnez nos offenses comme nous pardonnons à ceux qui nous ont offensés, et ne nous laissez pas succomber à la tentation; mais délivrez nous du mal.

Ainsi soit-il.

La Salutation Angélique.

JE vous salue, Marie, pleine de grâce, le Seigneur est avec vous; vous êtes bénie entre les femmes

L'O-rai son | de | No-tre | Sei-gneur | Jé-sus- | Christ.

No-TRE | Pè-re | qui | ê-tes | aux | Cieux, | que | vo-tre | nom | soit | sanc-ti-fié; | que | vo-tre | Rè-gne | ar-ri-ve: | que | vo-tre | vo-lon-té | soit | fai-te | sur | la | ter-re | com-me | dans | le | Ciel; | don-nez-nous | au-jour-d'hui | no-tre | pain | quo-ti-di-en, | et | nous | par-don-nez | nos | of-fen-ses, | com-me | nous | par-don-nons | à | ceux | qui | nous | ont | of-fen-sés: | et | ne | nous | lais-sez | pas | suc-com-ber | à | la | ten-ta-ti-on, | mais | dé-li-vrez-nous | du | mal. | Ain-si | soit- | il.

La | Sa-lu-ta-ti on | An gé-li-que.

JE | vous | sa-lue, | Ma-rie, | plei-ne | de | grâ-ce, | le | Sei-gneur | est | a-vec | vous, | vous | ê-tes | bé-nie | en-tre | les | fem-mes, et Jésus le fruit de vos entrailles est béni.

Sainte Marie Mère de Dieu, priez pour nous pauvres pécheurs, maintenant et à l'heure de notre mort.

Ainsi soit-il.

Le Symbole des Apôtres.

JE crois en Dieu le Père tout-puissant, Créateur du ciel et de la terre. Et en Jésus-Christ son fils unique notre Seigneur, qui a été conçu du Saint-Esprit, est né de la Vierge Marie; a souffert sous Ponce Pilate, a été crucifié, est mort et a été enseveli : est descendu aux enfers : et le troisième jour est ressuscité d'entre les morts; est monté aux cieux, et est assis à la droite de Dieu, le Père tout-puissant,

et | Jé-sus | le | fruit | de | vos | en-trail-les | est | bé-ni.

Sain-te | Ma-rie, | Mè-re | de | Dieu, | pri-ez | pour | nous | pauvres | pé-cheurs, | main-te-nant | et | à | l'heure | de | no-tre | mort. | Ain-si | soit- | il. |

Le | Sym-bo-le | des | A-pô-tres.

JE | crois | en | Dieu | le | Pè-re | tout- | puis-sant, | Cré-a-teur | du | ciel | et | de | la | ter-re. | Et | en | Jé-sus- | Christ | son | Fils | u-ni-que | no-tre | Sei-gneur, | qui | a | é-té | con-çu | du | Saint- | Es-prit, | est | né | de | la | Vier-ge | Ma-rie: | a | souf-fert | sous | Pon-ce | Pi-la-te, | a | é-té | cru-ci-fi-é, | est | mort | et | a | é-té | en-sé-ve-li: | est | des-cen-du | aux | en-fers; | et | le | troi-si-è-me | jour | est | res-sus-ci-té | d'en-tre | les | morts : | est | mon-té | aux | cieux, | et | est | as-sis | à | la | droi-te | de | Dieu, | le | Pè-re | tout- | puis-sant, |

d'où il viendra juger les vivans et les morts.

Je crois au Saint-Esprit ; la sainte Eglise Catholique ; la communion des Saints ; la remission des péchés ; la résurrection de la chair, et la vie éternelle.

Ainsi soit il.

JE me confesse à Dieu tout puissant, à la bienheureuse Marie toujours Vierge, à saint Michel Archange, à saint Jean-Baptiste, aux Apôtres saint Pierre et saint Paul, à tous les Saints, parce que j'ai beaucoup péché, par pensées, par paroles et par actions ; c'est ma faute, c'est ma faute, c'est ma très-grande faute. C'est pourd'où | il | vien-dra | ju-ger | les | vi-v ans | et | les | morts. |

Je | crois | au | Saint- | Es-prit; | la | sain-te | E-gli-se | Ca-tho-li-que ; | la | com-mu-ni-on | des | Saints; | la | ré-mis-si-on | des | pé-chés ; | la | ré-sur-rec-ti-on | de | la | chair, | et | la | vie | é-ter-nel-le. | Ain-si | soit-il. |

Je | me | con-fes-se | à | Dieu | tout | puis-sant, | à | la | bien-heu-reu-se | Ma-rie | tou-jours | Vier-ge, | à | saint-Mi-chel | Ar-chan-ge, | à | saint | Jean-Bap-tis-te, | aux | A-pô-tres | saint | Pierre | et | saint | Paul, | à | tous | les | Saints, | par-ce | que | j'ai | beau-coup | pé-ché, | par | pen-sées, | par | pa-ro-les | et | par | ac-ti-ons: | c'est | ma | fau-te, | c'est | ma | fau-te, | c'est | ma | très- | gran-de | fau-te. | C'est | pourquoi je supplie la bienheureuse Marie toujours Vierge, saint Michel Archange, saint Jean-Baptiste, les Apôtres saint Pierre et saint Paul, tous les Saints, de prier pour moi le Seigneur notre Dieu,

Ainsi soit il.

Que Dieu tout-puissant nous fasse miséricorde, qu'il nous ardonne nos péchés, et nous conduise à la vie éternelle.

Ainsi soit-il.

Que le Seigneur tout-puissant et miséricordieux nous accorde le pardon, l'absolution et la remission de tous nos péchés.

Ainsi soit-il.

quoi | je | sup-plie | la | bien-heu-reu-se | Ma-rie | tou-jours | Vier-ge, | saint | Mi-chel | Ar-chan-ge, | saint | Jean- | Bap-tis-te, | les | A-pô-tres | saint | Pier-re | et | saint | Paul, | tous | les | Saints | de | pri-er | pour | moi | le | Sei-gneur | no-tre | Dieu. |

Ain-si | soit-il. |

QUE | Dieu | tout- | puis-sant | nous | fas-se | mi-sé-ri-cor-de, | qu'il | nous | par-don-ne | nos | pé-chés, | et | nous | con-dui-se | à | la | vie | é-ter-nel-le. |

Ain-si | soit-il.

QUE | le | Sei-gneur | tout- | puis-sant | et | mi-sé-ri-cor-di-eux | nous | ac-cor-de | le | par-don, | l'ab-so-lu-ti-on | et | la | ré-mis-si-on | de | tous | nos | pé-chés. |

Ain-si | soit-il. |

La Bénédiction de la Table.

BENISSEZ ; (ce sera le Seigneur ;) Que la droite de Jésus-Christ nous bénisse avec toutes ces choses que nous allons prendre pour notre nourriture. Au nom du Père, et du Fils, et du Saint-Esprit. Ainsi soit-il.

Actions de grâces après le Repas.

O Roi, ô Dieu tout-puissant, nous vous rendons grâces pour tous vos bienfaits, vous qui vivez et régnez dans tous les siècles des siècles. Ainsi soit-il.

Les dix Commandemens de Dieu.

1. UN seul Dieu tu adoreras,
Et aimeras parfaitement.
2. Dieu en vain tu ne jureras,

La|Bé-né-dic-ti-on|de|la|Ta-ble.|

BÉ-NIS-SEZ ; | ce | se-ra | le|Sei-gneur; | Que | la | droi-te | de | Jé-sus- | Christ | nous | bé-nis-se | a-vec | tou-tes | ces | cho-ses | que | nous | al-lons | pren-dre | pour | no-tre | nour-ri-tu-re. | Au | nom | du | Pè-re, | et | du | Fils, | et | du | Saint- | Es-prit. | Ain-si | soit-il. |

Ac-ti-ons|de|grâ-ces|a-près|le|Re-pas.

O | Roi, | ô | Dieu | tout | puis-sant, | nous | vous | ren-dons | grâ-ces | pour | tous | vos | bien-faits, | vous | qui | vi-vez | et | ré-gnez | dans | tous | les | siè-cles | des | siè-cles. | Ain-si | soit-il. |

Les|dix|Com-man-de-mens|de|Dieu.

1. **U**N | seul | Dieu | tu | a-do-re-ras, | Et | ai-me-ras | par-fai-te-ment. |
2. Dieu | en | vain | tu | ne | ju-re-ras, |

Ni autre chose pareillement.

3. Les Dimanches tu garderas,
En servant Dieu dévotement.

4. Tes père et mère honoreras,
Afin de vivre longuement.

5. Homicide point ne seras,
De fait ni volontairement.

6. Luxurieux point ne seras,
De corps, ni de consentement.

7. Le bien d'autrui tu ne prendras,
Ni retiendras à ton escient.

8. Faux témoignage ne diras,
Ni mentiras aucunement.

9. L'œuvre de chair ne désireras,
Qu'en mariage seulement.

10. Biens d'autrui ne convoiteras,
Pour les avoir injustement.

Ni | au-tre | cho-se | pa-reil-le-ment. |

3. Les | Di-man-ches | tu | gar-de-ras, |
En | ser-vant | Dieu | dé-vo-te-ment. |

4. Tes | pè-re | et | mè-re | ho-no-re-ras, |
A-fin | de | vi-vre | lon-gue-ment. |

5. Ho-mi-ci-de | point | ne | se-ras, |
De | fait | ni | vo-lon-tai-re-ment. |

6. Lu-xu-ri-eux | point | ne | se-ras, |
De | corps | ni | de | con-sen-te-ment. |

7. Le | bien | d'au-trui | tu | ne | pren-dras, |
Ni | re-tien-dras | à | ton | es-cient. |

8. Faux | té-moi-gna-ge | ne | di-ras, |
Ni | men-ti-ras | au-cu-ne-ment. |

9. L'œu-vre | de | chair | ne | dé-si-re-ras, |
Qu'en | ma-ri-a-ge | seu-le-ment. |

10. Biens | d'au-trui | ne | con-voi-te-ras, |
Pour | les | a-voir | in-jus-te-ment. |

Les six Commandemens de l'Eglise.

1. LES Fêtes tu sanctifieras,
 Qui te sont de commandement.
2. Les Dimanches la Messe ouiras,
 Et les Fêtes pareillement.
3. Tous tes péchés confesseras,
 A tout le moins une fois l'an.
4. Ton Créateur tu recevras,
 Au moins à Pâques humblement.
5. Quatre-Temps, Vigiles jeûneras,
 Et le Carême entièremet.
6. Vendredi chair ne mangeras,
 Ni le Samedi pareillement.

Les sept Psaumes de la Pénitence.

PSAUME 6.

SEIGNEUR, ne me reprenez point dans votre fureur, et ne me corrigez point dans votre colère.

Les |six| Com-man-de-mens|de|l'E-gli-se.

1. **L**ES | Fê-tes | tu | sanc-ti-fie-ras,
Qui | te | sont | de | com-man-de-ment.
2. Les | Di-man-ches|la|Mes-se|oui-ras,
Et | les | Fê-tes | pa-reil-le-ment.
3. Tous | tes | pé-chés | con-fes-se-ras,
A | tout | le | moins | u-ne | fois | l'an.
4. Ton | Cré-a-teur | tu | re-ce-vras,
Au | moins | à | Pâ-ques | hum-ble-ment.
5. Qua-tre- | temps | Vi-gi-les|jeû-ne-ras,
Et | le | Ca-rê-me | en-tiè-re-ment.
6. Ven-dre-di | chair | ne | man-ge-ras,
Ni | le | Sa-me-di | pa-reil-le-ment.

Les|sept|Psaumes|de|la|Pénitence.

SEI-GNEUR, | ne | me | re-pre-nez|point| dans | vo-tre | fu-reur, | et | ne|me | co-ri-gez | point | dans | vo-tre | co-lè-re.

Ayez pitié de moi, Seigneur, parce que je suis foible ; Seigneur, guérissez-moi, car le mal qui me ronge a passé dans mes os qui en sont tous ébranlés.

Mon âme est abattue de tristesse mais vous, Seigneur, jusques à quand différerez-vous ma guérison.

Tournez vos yeux sur moi, Seigneur, et sauvez mon âme de tous dangers, délivrez-moi par votre grande bonté et miséricorde.

Car on ne se souvient point de vous parmi les morts ; qui sera capable de célébrer vos louanges dans les enfers ?

Je me suis tourmenté jusques à
Ayez

A-yez | pi-tié | de | moi, | Sei-gneur, | par-ce-que | je | suis | foi-ble ; | Sei-gneur, | gué-ris-sez- | moi, | car | le | mal | qui | me | ron-ge | a | pas-sé | dans | mes | os, | qui | en | sont | tout | é-bran-lés.

Mon | â-me | en | est | a-bat-tue | de | tris-tes-se, | mais | vous, | Sei-gneur, | jus-ques | à | quand | dif-fé-re-rez- | vous | ma | gué-ri-son ?

Tour-nez | vos | yeux | sur | moi, | Sei-gneur, | et | sau-vez | mon | â-me | de | tous | dan-gers ; | dé-li-vrez- | moi | par | vo-tre | gran-de | bon-té | et | mi-sé-ri-cor-de.

Car | on | ne | se | sou-vient | point | de | vous | par-mi | les | morts ; | et | qui | se-ra | ca-pa-ble | de | cé-lé-brer | vos | lou-an-ges | dans | les | en-fers ?

Je | me | suis | tour-men-té | jus-ques | à

B

ce point dans mes gémissements, que toutes les nuits mon lit est baigné, et même il est percé de mes larmes.

Les douleurs m'ont fait pleurer si amèrement, que j'en perds les yeux; je suis vieilli par le chagrin de voir mes ennemis se rire de mon tourment.

Mais retirez-vous de moi, vous qui persistez toujours dans votre méchanceté : car Dieu a écouté favorablement la voix de mes pleurs.

Le Seigneur a exaucé ma prière, le Seigneur a reçu mon oraison.

Que tous mes ennemis en rouce | point | dans | mes | gé-mis-se-ments, | que | tou-tes | les | nuits | mon | lit | est | bai-gné, | et | mê-me | il | est | per-cé | de | mes | lar-mes. |

Les | dou-leurs | m'ont | fait | pleu-rer | si | a-mè-re-ment, | que | j'en | perds | les | yeux : | je | suis | vieil-li | par | le | cha-grin | de | voir | mes | en-ne-mis | se | ri-re | de | mon | tour-ment. |

Mais | re-ti-rez- | vous | de | moi, | vous | qui | per-sis-tez | tou-jours | dans | vo-tre | mé-chan-ce-té; | car | Dieu | a | é-cou-té | fa-vo-ra-ble-ment | la | voix | de | mes | pleurs. |

Le | Sei-gneur | a | e-xau-cé | ma | pri-è-re, | le | Sei-gneur | a | re-çu | mon | o-rai son. |

Que | tous | mes | en-ne-mis | en | rougissent de honte, et soient saisis d'une agitation violente; qu'ils s'en retournent couverts de confusion et de honte.

Gloire soit au Père, etc.

Psaume 31.

Heureux sont ceux dont les iniquités sont effacées et dont les péchés sont pardonnés.

Heureux est l'homme à qui Dieu n'impute point le péché qu'il a commis et dont l'esprit est exempt de dissimulation.

Parce que je ne vous ai point avoué ma faute, mes os ont été affoiblis à force de pousser des cris la nuit et le jour.

Votre main s'est appésantie

gis-sent | de | honte, | et | soient | sai-sis | d'une | a-gi-ta-ti-on | vi-o-len-te ; | qu'ils | s'en | re-tour-nent | cou-verts | de | con-fu-si-on | et | de | hon-te.

Gloi-re | soit | au | Pè-re, | etc.

P s a u - m e 31.

Heu-reux | sont | ceux | dont | les | i-ni-qui-tés | sont | ef-fa-cées | et | dont | les | pé-chés | sont | par-don-nés.

Heu-reux | est | l'hom-me | à | qui | Dieu | n'impute | point | le | péché | qu'il | a | com-mis ; | et | dont | l'es-prit | est | e-xempt | de | dis-si-mu-la-ti-on.

Par-ce | que | je | ne | vous | ai | point | a-voué | ma | fau-te, | mes | os | ont | é-té | af-foi-blis | à | for-ce | de | pous-ser | des | cris | la | nuit | et | le | jour.

Vo-tre | main | s'est | ap-pé-san-tie |

sur moi tant que le jour et la nuit ont duré ; je me suis tourné vers vous dans mon affliction, qui étoit pour moi une épine qui me causoit les plus cuisantes douleurs.

C'est pourquoi je vous ai déclaré mon péché, et je ne vous ai point caché mon injustice.

J'ai dit : il faut que je confesse contre moi-même mon injustice au Seigneur; et vous m'avez remis l'impiété de mon crime.

C'est ce qui portera tout homme saint à vous adresser ses prières dans le temps propre à trouver miséricorde.

Et quand même un déluge d'eaux

sur moi tant que le jour et la nuit ont du-ré ; je me suis tour-né vers vous dans mon af-flic-ti-on, qui é-toit pour moi une é-pi-ne qui me cau-soit les plus cui-san-tes dou-leurs.

C'est pour-quoi je vous ai dé-cla-ré mon pé-ché et je ne vous ai point ca-ché mon in-jus-ti-ce.

J'ai dit : il faut que je con-fes-se con-tre moi-mê-me mon in-jus-ti-ce au Sei-gneur, et vous m'a-vez re-mis l'im-pi-é-té de mon cri-me.

C'est ce qui por-te-ra tout hom-me saint à vous a-dres-ser ses pri-è-res dans le temps pro-pre à trou-ver mi-sé-ri-cor-de.

Et quand mê-me un dé-lu-ge d'eaux

inonderait toute la terre, elles n'approcheroient point de lui.

Vous êtes mon asile contre toutes les adversités qui m'environnent ; ô Dieu, qui êtes ma joie, délivrez-moi des ennemis dont je suis assiégé.

Je vous donnerai l'intelligence, me dites-vous : je vous enseignerai le chemin que vous devez tenir ; j'arrêterai mes regards sur vous.

Ne devenez point semblable au cheval et au mulet, animaux sans intelligence.

Retenez avec le mors et la bride, ceux qui, indociles, ne

i-non-de-roit | tou-te | la | ter-re, | el-les | n'ap-pro-che-roient | point | de | lui.

Vous | ê-tes | mon | a-si-le | con-tre | tou-tes | les | ad-ver-si-tés | qui | m'en-vi-ron-nent, | ô | Dieu, | qui | ê-tes | ma | joie, | dé-li-vrez- | moi | des | en-ne-mis | dont | je | suis | as-sié-gé.

Je | vous | don-ne-rai | l'in-tel-li-gen-ce, | me | di-tes- | vous ; | je | vous | en-sei-gne-rai | le | che-min | que | vous | de-vez | te-nir ; | j'ar-rê-te-rai | mes | re-gards | sur | vous.

Ne | de-ve-nez | point | sem-bla-ble | au | che-val | et | au | mu-let, | a-ni-maux | sans | in-tel-li-gen-ce.

Re-te-nez | a-vec | le | mors | et | la | bri-de, | ceux | qui, | in-do-ci-les, | ne |

B*

veulent point s'approcher de vous.

Plusieurs afflictions se répandront sur le pécheur, mais la miséricorde environnera celui qui met son espérance dans le Seigneur.

Justes, réjouissez-vous donc dans le Seigneur, et tressaillez d'allégresse ; publiez sa gloire, vous tous qui avez le cœur droit.

Gloire soit au Père, etc.

PSAUME 37.

SEIGNEUR, ne me reprenez point dans votre fureur, et ne me corrigez point dans votre colère.

Car j'ai déjà senti les profondes blessures que vos flèches ont fait en moi.

veu-lent | point | s'ap-pro-cher | de | vous.

Plu-sieurs | af-flic-ti-ons | se | ré-pan-dront | sur | le | pé-cheur, | mais | la | mi-sé-ri-cor-de | en-vi-ron-ne-ra | ce-lui | qui | met | son | es-pé-rance | dans | le | Sei-gneur.

Jus-tes, | ré-jou-is-sez- | vous | donc | dans | le | Sei-gneur, | et | tres-sail-lez | d'al-lé-gres-se ; | pu-bli-ez | sa | gloire, | vous | tous | qui | a-vez | le | cœur | droit.

Gloi-re | soit | au | Pè-re, | etc.

PSAUME 37.

SEI-GNEUR, | ne | me | re-pre-nez | point | dans | vo-tre | fureur, | et | ne | me | cor-ri-gez | point | dans | vo-tre | co-lère.

Car | j'ai | dé-jà | sen-ti | les | pro-fon-des | bles-su-res | que | vos | flè-ches | ont | fait | en | moi.

et vous avez appésanti votre main sur moi.

Ma chair toute couverte d'ulcères éprouve les effets de votre colère ; et à la vue de mes péchés, mes os ne reçoivent aucun repos.

Car mes iniquités semblables à des flots, se sont élevées par-dessus ma tête ; et la pesanteur de leur fardeau m'accable sous leur faix.

La pourriture et la corruption se sont introduites dans mes cicatrices ; effet de mon égarement et de ma folie.

Je suis devenu sous le poids

et | vous | a-vez | ap-pé-san-ti | vo-tre | main | sur | moi.

Ma | chair | tou-te | cou-ver-te | d'ul-cè res | é-prou-ve | les | ef-fets | de | vo-tre | co-lè-re ; | et | à | la | vue | de | mes | pé-chés, | mes | os | ne | re-çoi-vent | au-cun | re-pos.

Car | mes | i-ni qui-tés, | sem-bla-bles | à | des | flots, | se | sont | é-le-vées | par-des-sus | ma | tê-te, | et | la | pe-san teur | de | leur | far-deau | m'ac-ca-ble | sous | leur | faix.

La | pour-ri-tu-re | et | la | cor-rup-ti-on | se | sont | in-tro-dui-tes | dans | mes | ci-ca-tri-ces ; | ef-fet | de | mon | é-ga-re-ment | et | de | ma | fo-lie.

Je | suis | de-ve-nu | sous | le | poids |

de ma misère courbé et abattu : je marche tout le jour avec un visage triste et défiguré.

Je sens mes reins pleins d'une ardeur excessive, qui me brûle, et je n'ai plus aucune partie saine dans mon corps.

Je suis affligé et tombé dans la dernière humiliation, mon cœur pousse des sanglots et des gémissemens.

Seigneur, vous voyez où tendent toutes mes intentions : et mes gémissemens ne vous sont point cachés.

Mon cœur est rempli de troubles, toute ma force m'a abandonné, de | ma | mi-sè-re | cour-bé | et | a-bat tu, je | mar-che | tout | le | jour | a-vec | un vi-sage | tris-te | et | dé-fi-gu-ré.

Je | sens | mes | reins | pleins | d'u-ne | ar-deur | ex-ces-si-ve, | qui | me | brû-le, | et | je | n'ai | plus | au-cu-ne | par-tie | sai-ne | dans | mon | corps.

Je | suis | af-fli-gé | et | tom-bé | dans | la | der-ni-è-re | hu-mi-li-a-tion, | et | mon | cœur | pous-se | des | san-glots | et | des | gé-mis-se-ments.

Sei-gneur, | vous | vo-yez | où | ten-dent | tou-tes | mes | in-ten-ti ons : | et | mes | gé-mis-se-ments | ne | vous | sont | point | ca-chés.

Mon | cœur | est | rem-pli | de | trou-bles, | tou-te | ma | for-ce | m'a | a-banet même la lumière de mes yeux est éteinte.

A la vue de mon état pitoyable, mes amis et mes proches se sont éloignés de moi, et se sont déclarés contre moi.

Ceux qui m'étoient le plus attachés se sont retirés, et ceux qui cherchent à m'ôter la vie, emploient des moyens violens.

Ceux qui méditent ma ruine, épient les occasions de me nuire ; ils tiennent des discours de moi pleins de vanité et de mensonge; ils concertent tout le jour des artifices pour me perdre.

Mais je suis comme un sourd, je ne les écoute point ; et comme un muet qui n'ouvre pas la bouche.

don-né ; et mê-me la lu-mi-è-re de mes yeux est é-tein-te.

A la vue de mon é-tat pi-to-ya-ble, mes a-mis et mes pro-ches se sont é-loi-gnés de moi, et se sont dé-cla-rés con-tre moi.

Ceux qui m'é-toient le plus at-ta-chés se sont re-ti-rés, et ceux qui cher-chent à m'ô-ter la vie, em-ploient des mo-yens vi-o-lens.

Ceux qui mé-di-tent ma rui-ne é-pient les oc-ca-si-ons de me nui-re, ils tien-nent des dis-cours de moi pleins de va-ni-té et de men-son-ge ; ils con-cer-tent tout le jour des ar-ti-fi-ces pour me per-dre.

Mais je suis com-me un sourd, et je ne les é-cou-te point ; et com-me un muet qui n'ou-vre pas la bou-che.

J'ai bouché mes oreilles à tous leurs reproches, et ma langue n'a point eu la peine de repousser leurs injures.

Parce qu'en vous, Seigneur, j'ai mis toute mon espérance, Seigneur, mon Dieu, vous exaucerez, s'il vous plaît, ma prière.

Je vous prie que mes ennemis ne se glorifient point de mes misères; ni que dès le moment que je fais un faux pas, ils se dressent contre moi pour me faire tomber.

Je suis pourtant disposé à souffrir toujours la persécution; et la douleur que j'ai méritée, se

J'ai bou-ché mes o-reil-les à tous leurs re-pro-ches, et ma lan-gue n'a point eu la pei-ne de re-pous-ser leurs in-ju-res.

Par-ce qu'en vous, Sei-gneur, j'ai mis tou-te mon es-pé-ran-ce, Sei-gneur, mon Dieu, vous e-xau-ce-rez s'il vous plaît, ma pri-è-re.

Je vous pri-e que mes en-ne-mis ne se glo-ri-fi-ent point de mes mi-sè-res; ni que dès le mo-ment que je fais un faux pas, ils se dres-sent con-tre moi pour me fai-re tom-ber.

Je suis pour-tant dis-po-sé à souf-frir tou-jours la per-sé-cu-ti-on, et la dou-leur que j'ai mé-ri-té-e, se présente continuellement à mes yeux.

Car j'avoue que j'ai commis de grandes iniquités, et je ne propose à ma pensée, jour et nuit, que l'objet de mon crime.

Cependant mes ennemis vivent contens; ils se fortifient contre moi et leur nombre augmente tous les jours.

Ceux qui rendent le mal pour le bien m'ont été contraires; parce que j'aime la paix et la douceur.

Seigneur, ne m'abandonnez point dans ces périls; mon Dieu, ne vous éloignez point de moi.

Venez promptement à mon se-

pré-sen-te | con-ti-nu-el-le-ment | à | mes | yeux.

Car | j'a-voue | que | j'ai | com-mis | de | gran-des | i-ni-qui-tés, | et | je | ne | pro-po-se | à | ma | pen-sée | jour | et | nuit, | que | l'ob-jet | de | mon | cri-me.

Ce-pen-dant | mes | en-ne-mis | vi-vent | con-tens; | ils | se | for-ti-fient | con-tre | moi, | et | leur | nom-bre | aug-men-te | tous | les | jours.

Ceux | qui | ren-dent | le | mal | pour | le | bien | m'ont | é-té | con-trai-res, | par-ce | que | j'ai-me | la | paix | et | la | dou-ceur.

Sei-gneur, | ne | m'a-ban-don-nez | point | dans | ces | pé-rils; | mon | Dieu, | ne | vous | é-loi-gnez | point | de | moi.

Ve-nez | promp-te-ment | à | mon | secours, mon Seigneur et mon Dieu, puisque vous êtes mon salut.

Gloire soit au Père, etc.

PSAUME 50.

Mon Dieu, ayez pitié de moi, selon votre grande miséricorde.

Et selon la multitude de vos bontés, effacez mon iniquité.

Versez abondamment sur moi de quoi me laver de mes fautes ; nettoyez-moi de mon péché.

Je reconnois mes offenses, et mon crime est toujours contre moi.

Contre vous seul j'ai péché : et j'ai commis devant vos yeux tout le mal dont je me sens coupable : soyez reconnu véritable en vos cours, | mon | Sei-gneur | et | mon | Dieu | puis-que | vous | ê-tes | mon | sa-lut.

Gloi-re | soit | au | Pè-re, | etc.

Psau-me 50.

Mon | Dieu, | a-yez | pi-tié | de | moi, | se-lon | vo-tre | gran-de | mi-sé-ri-cor-de.

Et | se-lon | la | mul-ti-tu-de | de | vos | bon-tés, | ef-fa-cez | mon | i-ni-qui-té.

Ver-sez | a-bon-dam-ment | sur | moi | de | quoi | me | la-ver | de | mes | fau-tes; | net-to-yez- | moi | de | mon | pé-ché.

Je | re-con-nois | mes | of-fen-ses, | et | mon | cri-me | est | tou-jours | con-tre | moi.

Con-tre | vous | seul | j'ai | pé-ché, | et | j'ai | com-mis | de-vant | vos | yeux | tout | le | mal | dont | je | me | sens | cou-pa-ble; | so-yez | re-con-nu | vé-ri-ta-ble | en | vos |

promesses, et demeurez victorieux quand vous prononcerez vos jugemens.

J'ai été souillé de vices, dès l'instant de ma formation, et ma mère m'a conçu dans le péché.

Mais pourtant comme vous avez toujours aimé la vérité, aussi vous a-t-il plu me révéler les mystères secrets de votre sagesse.

Arrosez-moi d'hysope, et je serai nettoyé; lavez-moi, et je deviendrai plus blanc que la neige.

Faites-moi entendre la voix intérieure de votre Saint-Esprit, qui me comblera de joie; et elle
pro-

pro-mes-ses, | de-meu-rez | vic-to-rieux | quand | vous | pro-non-ce-rez | vos | ju-ge-mens.

J'ai | é-té | souil-lé | de | vi-ces | dès | l'ins-t | de | ma | for-ma-ti-on, | et | ma | mè-re | m'a | con-çu | dans | le | pé-ché.

Mais | pour-tant | com-me | vous | a-vez | tou-jours | ai-mé | la | vé-ri-té, | aus-si | vous | a-t-il | plu | me | ré-vé-ler | les | mys-tè-res | les | plus | se-crets | de | vo-tre | sa-ges-se.

Ar-ro-sez- | moi | d'hy-so-pe, | et | je | se-rai | net-to-yé : | la-vez- | moi, | et | je | de-vien-drai | plus | blanc | que | la | nei-ge.

Fai-tes- | moi | en-ten-dre | la | voix | in-té-ri-eu-re | de | vo-tre | Saint- | Es-prit, | qui | me | com-ble-ra | de | joie, | et | el-le

C

ira jusques dans mes os affoiblis par le travail.

Détournez vos yeux de mes péchés, et effacez les taches de mes iniquités.

Mon Dieu, mettez un cœur net dans mon sein, renouvellez dans mes entrailles l'esprit d'innocence.

Ne me condamnez point à demeurer éloigné de votre présence; ne retirez point de moi votre Saint-Esprit.

Rendez à mon âme la joie qu'elle recevra dès que vous serez son salut : et assurez si bien mes forces par votre esprit, que je ne tremble plus.

i-ra jusques dans mes os affoiblis par le travail.

Détournez vos yeux de mes péchés, et effacez les taches de mes iniquités.

Mon Dieu, mettez un cœur net dans mon sein, renouvelez dans mes entrailles l'esprit d'innocence.

Ne me condamnez point à demeurer éloigné de votre présence; ne retirez point de moi votre saint-Esprit.

Rendez à mon âme la joie qu'elle recevra dès que vous serez son salut; et assurez si bien mes forces par votre esprit, que je ne tremble plus.

J'enseignerai vos voies aux méchans et les impies convertis imploreront votre miséricorde.

O mon Dieu, le Dieu de mon salut, purgez-moi du crime d'homicide, et ma langue s'estimera heureuse de raconter les miracles de votre justice.

Seigneur, ouvrez, s'il vous plaît mes lèvres, et ma bouche aussitôt annoncera vos louanges.

Car si vous eussiez voulu des sacrifices, j'eusse tenu à honneur d'en charger vos Autels; mais je sais bien que les holocaustes ne peuvent appaiser votre courroux.

Un esprit affligé du regret de

J'en-sei-gne-rai | vos | voies | aux | mé-chans, | et | les | im-pies | con-ver-tis | im-plo-re-ront | vo-tre | mi-sé-ri-cor-de.

O | mon | Dieu, | le | Dieu | de | mon | sa-lut, | pur-gez- | moi | du | cri-me | d'ho-mi-ci-de, | et | ma | lan-gue | s'es-ti-me-ra | heu-reu-se | de | ra-con-ter | les | mi-ra-cles | de | vo-tre | jus-ti-ce.

Sei-gneur, | ou-vrez | s'il | vous | plaît, | mes | lè-vres, | et | ma | bou-che | aus-si-tôt | an-non-ce-ra | vos | lou-an-ges.

Car | si | vous | eus-si-ez | vou-lu | des | sa-cri-fi-ces, | j'eus-se | te-nu | à | hon-neur | d'en | char-ger | vos | Au-tels; | mais | je | sais | bien | que | les | ho-lo-caus-tes | ne | peu-vent | ap-pai-ser | vo-tre | cour-roux.

Un | es-prit | af-fli-gé | du | re-gret | de

ses péchés, est le sacrifice agréable à Dieu : mon Dieu, vous ne mepriserez point un cœur contrit et humilié.

Seigneur, favorisez la ville de Sion, suivant votre bonté accoutumée, et permettez que les murailles de Jérusalem soient relevées.

Alors vous agréerez les sacrifices de justice; vous accepterez nos oblations et nos holocaustes, et l'on offrira des veaux sur vos Autels.

Gloire soit au Père, etc.

PSAUME 101.

SEIGNEUR, exaucez ma prière, et permettez que mon cri

ses | pé-chés, | est | le | sa-cri-fi-ce | a-gré-a-ble | à | Dieu : | mon | Dieu, | vous | ne | mé-pri-se-rez | point | un | cœur | con-trit | et | hu-mi-lié.

Sei-gneur, | fa-vo-ri-sez | la | vil-le | de | Si-on, | sui-vant | vo-tre | bon-té | ac-cou-tu-mée, | et | per-met-tez | que | les | mu-rail-les | de | Jé-ru-sa-lem | soient | re-le-vées

A-lors | vous | a-gré-e-rez | les | sa-cri-fi-ces | de | jus-ti-ce; | vous | ac-cep-te-rez | nos | o-bla-ti-ons | et | nos | ho-lo-caus-tes, | et | l'on | of-fri-ra | des | veaux, | sur | vos | au-tels.

Gloi-re | soit | au | Pè-re, | etc.

PSAU-ME 101.

SEI-GNEUR, | e-xau-cez | ma | pri-è-re, | et | per-met-tez | que | mon | cri |

aille jusqu'à vous.

Ne détournez point votre visage de dessus ma misère : mais prêtez l'oreille à ma voix, quand je suis en affliction.

En quelque temps que je vous invoque, exaucez-moi promptement.

Parce que mes jours s'écoulent comme la fumée; et mes os se consument comme un tison dans le feu.

Mon cœur outré de tristesse me fait ressembler à cette herbe coupée qui est sans vigueur; et mon âme est si affligée que je m'oublie de manger mon pain.

A force de me plaindre et de

ail-le | jus-qu'à | vous.

Ne | dé-tour-nez | point | vo-tre | vi-sa-ge | de | des-sus | ma | mi-sè-re : | mais | prê-tez | l'o-reil-le | à | ma | voix, | quand | je | suis | en | af-flic-ti-on.

En | quel-que | temps | que | je | vous | in-vo-que, | e-xau-cez- | moi | promp-te-ment.

Par-ce | que | mes | jours | s'écou-lent | com-me | la | fu-mée, | et | mes | os | se | con-su-ment | com-me | un | ti-son | dans | le | feu.

Mon | cœur | ou-tré | de | tris-tes-se | me | fait | res-sem-bler | à | cet-te | her-be | cou-pée | qui | est | sans | vi-gueur ; | et | mon | â-me | est | si | af-fli-gée | que | je | m'ou-blie | de | man-ger | mon | pain.

A | for-ce | de | me | plain-dre | et | de |

C*

soupirer, mes os tiennent à ma peau.

Je ressemble au Pélican dans le désert, ou à la chouette ennemie de la lumière, qui se tient dans les trous d'une maison.

Je ne repose point toutes les nuits; je demeure solitaire comme le passereau dans son nid.

Mes ennemis me font des reproches tout le long de la journée, et ceux qui m'ont donné des louanges se sont efforcés de me déshonorer.

Voyant que je mangeois de la cendre au lieu de pain, et que je mêlois mon breuvage avec l'eau de mes pleurs.

sou-pi-rer, | mes | os | tien-nent | à | ma | peau.

Je | res-sem-ble | au | Pé-li-can | dans | le | dé-sert, | ou | à | la | chou-et-te | en-ne-mie | de | la | lu-mi-è-re, | qui | se | tient | dans | les | trous | d'u-ne | mai-son.

Je | ne | re-po-se | point | tou-tes | les | nuits; | je | de-meu-re | so-li-tai-re | com-me | le | pas-se-reau | dans | son | nid.

Mes | en-ne-mis | me | font | des | re-pro-ches | tout | le | long | de | la | jour-née; | et | ceux | qui | m'ont | don-né | des | lou-an-ges | se | sont | ef-for-cés | de | me | dés-ho-no-rer.

Vo-yant | que | je | man-geois | de | la | cen-dre | au | lieu | de | pain, | et | que | je | mê-lois | mon | breu-va-ge | a-vec | l'eau | de | mes | pleurs,

Devant la présence de votre colère et de votre indignation, puisque après m'avoir élevé, vous m'avez si fort abattu.

Mes jours sont comme l'ombre du soir qui s'obscurcit et s'allonge, la nuit approchant; le chagrin me fait sécher comme le foin.

Mais vous, Seigneur, qui demeurez éternellement, la mémoire de votre nom sera immortelle, passant de génération en génération.

Tournez vos regards sur Sion, quand vous reviendrez de votre sommeil : prenez pitié de ses misères, puisqu'il est temps de lui pardonner.

Il est vrai que ses prières sont

Devant la présence de votre colère et de votre indignation, puisque après m'avoir élevé, vous m'avez si fort abattu.

Mes jours sont comme l'ombre du soir qui s'obscurcit et s'allonge, la nuit approchant; le chagrin me fait sécher comme le foin.

Mais vous, Seigneur, qui demeurez éternellement, la mémoire de votre nom sera immortelle, passant de génération en génération.

Tournez vos regards sur Sion, quand vous reviendrez de votre sommeil; prenez pitié de ses misères, puisqu'il est temps de lui pardonner.

Il est vrai que ses prières sont

tellement chères à vos serviteurs, qu'ils ont regret de voir une si belle ville détruite.

Alors, Seigneur, votre nom sera redouté par toutes les nations, et votre gloire épouvantera tous les Rois de la terre.

Quand on saura que vous avez rebâti Sion, où le Seigneur paroîtra dans sa gloire.

Il regarde favorablement la prière des humbles, et ne tiendra point leur supplication digne de mépris.

Toutes ces choses seront consignées dans l'histoire pour l'instruction de la postérité, qui en donnera des louanges au Seigneur.

tel-le-ment | chè-res | à | vos | ser-vi-teurs | qu'ils | ont | re-gret | de | voir | une | si | bel-le | Vil-le | dé-trui-te.

A-lors, | Sei-gneur, | vo-tre | nom | se-ra | re-dou-té | par | tou-tes | les | na-ti-ons, | et | vo-tre | gloi-re | é-pou-van-te-ra | tous | les | Rois | de | la | ter-re.

Quand | on | sau-ra | que | vous | a-vez | re-bâ-ti | Si-on, | où | le | Sei-gneur | pa-roî-tra | dans | sa | gloi-re.

Il | re-gar-de-ra | fa-vo-ra-ble-ment | la | pri-è-re | des | hum-bles, | et | ne | tien-dra | point | leur | sup-pli-ca-ti-on | di-gne | de | mé-pris.

Tou-tes | ces | cho-ses | se-ront | con-si-gnées | dans | l'his-toi-re | pour | l'ins-truc-ti-on | de | la | pos-té-ri-té | qui | en | don-ne-ra | des | lou-an-ges | au | Sei-gneur.

Il regarde ici bas du saint lieu où son trône est élevé; et du Ciel, où il réside, il jette les yeux sur la terre.

Pour entendre les cris de ceux qui sont dans les enfers, et pour rompre les chaînes de ceux qui sont condamnés à la mort.

Afin que le nom du seigneur soit honoré dans Sion, et que sa louange soit chantée en Jérusalem.

Quand tous les peuples s'assembleront, et que les Royaumes s'uniront pour le servir, et pour adorer son pouvoir.

Mais je sens qu'il abat mes forces par la longueur du chemin;

Il | re-gar-de | i-ci | bas | du | saint | lieu | où | son | Trô-ne | est | é-le-vé; | et | du | Ciel | où | il | ré-si-de, | il | jet-te | ses | yeux | sur | la | ter-re.

Pour | en-ten-dre | les | cris | de | ceux | qui | sont | dans | les | en-fers, | et | pour | rom-pre | les | chaî-nes | de | ceux | qui | sont | con-dam-nés | à | la | mort.

A-fin | que | le | nom | du | Sei-gneur | soit | ho-no-ré | dans | Si-on, | et | que | sa | lou-an-ge | soit | chan-tée | en | Jé-ru-sa-lem.

Quand | tous | les | peu-ples | s'as-sem-ble-ront, | et | que | les | Ro-yau-mes | s'u-ni-ront | pour | le | ser-vir, | et | pour | a-do-rer | son | pou-voir.

Mais | je | sens | qu'il | a-bat | mes | for-ces | par | la | lon-gueur | du | che-min :

il a diminué le nombre de mes jours.

C'est pourquoi je m'adresse à mon Dieu, et j'ai dit; Seigneur, ne m'ôtez pas du monde au milieu de ma vie : vos années ne finiront jamais.

Car c'est vous qui dès le commencement avez assuré les fondemens de la terre, et les cieux sont les œuvres de vos mains.

Mais ils périront, et il n'y aura que vous seul de permanent, et toutes ces choses vieilliront comme le vêtement.

Et vous les changerez comme un manteau, ou comme un pavillon, et vous serez toujours le

il | a | di-mi-nué | le | nom-bre | de | mes | jours.

C'est | pour-quoi | je | m'a-dres-se | à | mon | Dieu, | et | j'ai | dit : | Sei-gneur, | ne | m'ô-tez | pas | du | mon-de | au | mi-lieu | de | ma | vie ; | vos | an-nées | ne | fi-ni-ront | ja-mais.

Car | c'est | vous | qui | dès | le | com-men-ce-ment | a-vez | as-su-ré | les | fon-de-mens | de | la | ter-re, | et | les | Cieux | sont | les | œu-vres | de | vos | mains.

Mais | ils | pé-ri-ront, | et | il | n'y | au-ra | que | vous | seul | de | per-ma-nent, | et | tou-tes | ces | cho-ses | vieil-li-ront | com-me | le | vê-te-ment.

Et | vous | les | chan-ge-rez | com-me | un | man-teau, | ou | com-me | un | pa-vil-lon, | et | vous | se-rez | tou-jours | le |

même que vous avez été, sans que vos années prennent jamais de fin.

Toutefois les enfans de vos serviteurs auront une demeure assurée, et ceux qui naîtront d'eux jouiront en votre présence d'une grande félicité.

Gloire soit au Père, etc.

PSAUME 129.

SEIGNEUR, je me suis écrié vers vous du profond abyme de mes ennuis : Seigneur, écoutez ma voix.

Rendez, s'il vous plaît, vos oreilles atentives aux tristes accens de mes plaintes.

Seigneur, si vous examinez de

mê-me | que | vous | a-vez | é-té, | sans | que | vos | an-nées | pren-nent | ja-mais | de | fin.

Tou-te-fois | les | en-fans | de | vos | ser-vi-teurs | au-ront | u-ne | de-meu-re | as-su-rée, | et | ceux | qui | naî-tront | d'eux | joui-ront | en | vo-tre | pré-sen-ce | d'u-ne | gran-de | fé-li-ci-té.

Gloi-re | soit | au | Pè-re | etc.

PSAU-ME 129.

SEI-GNEUR, | je | me | suis | é-cri-é | vers | vous | du | pro-fond | a-bî-me | de | mes | en-nuis : | Sei-gneur, | é-cou-tez | ma | voix.

Ren-dez, | s'il | vous | plaît, | vos | o-reil-les | at-ten-ti-ves | aux | tris-tes | ac-cens | de | mes | plain-tes.

Sei-gneur, | si | vous | e-xa-mi-nez | de |

près nos offenses, qui est-ce qui pourra soutenir les effets de votre colère.

Mais la clémence et le pardon se trouvent chez vous, ce qui est cause que vous êtes craint et révéré, et que j'attends l'effet de vos promesses.

Mon âme s'étant assurée sur votre parole, a mis toutes ses espérances en Dieu.

Ainsi depuis la garde assise dès l'aube du jour, jusqu'à la sentinelle de la nuit, Israël espère toujours au Seigneur.

Car il y a dans le Seigneur une plénitude de miséricorde, et une abondance de grâce

près | nos | of-fen-ses , | qui | est- | ce | qui | pour-ra | sou-te-nir | les | ef-fets | de | vo-tre | co-lè-re.

Mais | la | clé-men-ce | et | le | par-don | se | trou-vent | chez | vous, | ce | qui | est | cau-se | que | vous | ê-tes | craint | et | ré-vé-ré, | et | que | j'at-tends | l'ef-fet | de | vos | pro-mes-ses.

Mon | â-me | s'é-tant | as-su-rée | sur | vo-tre | pa-ro-le, | a | mis | tou-tes | ses | es-pé-ran-ces | en | Dieu.

Ain-si | de-puis | la | gar-de | as-si-se | dès | l'au-be | du | jour, | jusqu'à | la | sen-ti-nel-le | de | la | nuit, | Is-ra-ël | es-pè-re | tou-jours | au | Sei-gneur.

Car | il | y | a | dans | le | Sei-gneur | une | plé-ni-tu-de | de | mi-sé-ri-cor-de, | et | une | a-bon-dan-ce | de | grâ-ces |

pour me racheter.

Et c'est lui-même qui rachetera son peuple de tous ses péchés.

Gloire soit ou Père, etc.

PSAUME 142.

SEIGNEUR, exaucez ma prière, prêtez vos oreilles à mon oraison; entendez-moi selon la vérité de vos promesses, et selon votre justice.

N'entrez point en jugement avec votre serviteur, car aucun ne peut jamais se justifier devant vous.

L'ennemi qui m'a persécuté sans me donner un moment de relâche, m'a presque réduit à expirer en mordant la poussière.

pour | me | ra-che-ter.

Et | c'est | lui- | mê-me | qui | ra-chè-te-ra | son | peu-ple | de | tous | ses | pé-chés.
Gloi-re | soit | au | Pè-re, | etc.

Psau-me 142.

Sei-gneur, | e-xau-cez | ma | pri-è-re, | prê-tez | vos | o-reil-les | à | mon | o-rai-son, | en-ten-dez- | moi | se-lon | la | ve-ri-té | de | vos | pro-mes-ses, | et | se-lon | vo-tre | jus-ti-ce.

N'en-trez | point | en | ju-ge-ment | a-vec | vo-tre | fer-vi-teur, | car | au-cun | ne | peut | ja-mais | se | jus-ti-fi-er | de-vant | vous.

L'en-ne-mi | qui | m'a | per-fé-cu-té | sans | me | don-ner | un | mo-ment | de | re-lâ-che, | m'a | pres-que | ré-duit | à | ex-pi-rer | en | mor-dant | la | pouf-fiè-re.

D

Il m'a jeté dans l'horreur des ténèbres, comme si j'étois déjà mort au monde; et mon esprit se trouve agité par beaucoup d'inquiétudes, et mon cœur se consume de douleur.

Mais je me suis consolé par le souvenir des temps passés, discourant en mon esprit de vos actions merveilleuses en faveur de nos pères, et méditant sur les ouvrages de vos mains.

Je vous tends les miennes, et mon âme vous désire avec autant d'impatience que la terre sèche attend l'eau.

Seigneur, exaucez-moi donc promptement, car mes forces me

Il m'a jeté dans l'horreur des ténèbres, comme si j'étois déjà mort au monde; et mon esprit se trouve agité par beaucoup d'inquiétudes, et mon cœur se consume de douleur.

Mais je me suis consolé par le souvenir des temps passés, discourant en mon esprit de vos actions merveilleuses en faveur de nos pères, et méditant sur les ouvrages de vos mains.

Je vous tends les miennes, et mon âme vous désire avec autant d'impatience que la terre sèche attend l'eau.

Seigneur exaucez-moi donc promptement, car mes forces me

quittent, et mon esprit est déjà sur le bord de mes lèvres.

Ne détournez point de moi votre visage, afin que je ne devienne point semblable à ceux qui descendent dans l'abîme.

Mais plutôt qu'il vous plaise me faire entendre dès le matin la voix de votre miséricorde; puisque c'est en vous que j'ai mis mon espérance.

Montrez-moi le chemin par lequel je dois marcher; d'autant que mon âme est toujours élevée vers vous.

Seigneur, délivrez-moi du pouvoir de mes ennemis : je me jette entre vos bras, enseignez-moi à

quittent, et mon esprit est déjà sur le bord de mes lèvres.

Ne détournez point de moi votre visage, afin que je ne devienne point semblable à ceux qui descendent dans l'abîme.

Mais plutôt qu'il vous plaise me faire entendre dès le matin la voix de votre miséricorde, puisque c'est en vous que j'ai mis mon espérance.

Montrez- moi le chemin par lequel je dois marcher, d'autant que mon âme est toujours élevée vers vous.

Seigneur, délivrez moi du pouvoir de mes ennemis : je me jette entre vos bras, enseignez- moi à faire votre volonté; car vous êtes mon Dieu.

Votre esprit qui est bon, me conduira par une terre unie; et pour la gloire de votre nom, Seigneur, vous me donnerez des forces et la vigueur selon votre équité.

Délivrez mon âme des afflictions qui l'oppressent; et me faisant sentir les effets de votre miséricorde, exterminez mes ennemis.

Perdez tous ceux qui tâchent de m'ôter la vie par les peines qu'ils donnent à mon esprit; car je suis votre serviteur.

Gloire soit au Père, etc.

fai-re | vo-tre | vo-lon-té ; | car | vous | ê-tes | mon | Dieu.

Vo-tre | es-prit | qui | est | bon, | me | con-dui-ra | par | u-ne | ter-re | u-nie, | et | pour | la | gloi-re | de | vo-tre | nom, | Sei-gneur, | vous | me | don-ne-rez | des | for-ces, | et | la | vi-gueur | se-lon | vo-tre | é-qui-té.

Dé-li-vrez | mon | â-me | des | af-flic-ti-ons | qui | l'op-pres-sent, | et | me | fai-sant | sen-tir | les | ef-fets | de | vo-tre | mi-sé-ri-cor-de, | ex-ter-mi-nez | mes | en-ne-mis.

Per-dez | tous | ceux | qui | tâ-chent | de | m'ô-ter | la | vie | par | les | pei-nes | qu'ils | don-nent | à | mon | es-prit ; | car | je | suis | vo-tre | ser-vi-teur.

Gloi-re | soit | au | Pè-re, | etc.

LES VEPRES

DU DIMANCHE.

PSAUME 109.

LE Seigneur a dit à mon Seigneur : soyez assis a ma droite.

Tandis que terrassant vos ennemis, je les ferai servir d'escabeau à vos pieds.

Le Seigneur fera sortir de Sion le sceptre de votre puissance, pour étendre votre empire au milieu des nations qui vous sont ennemies.

Votre peuple se rangera auprès de vous au jour de votre force, étant revêtu de la splendeur de vos Saints, dès le moment de votre naissance, qui pa-

LES | VE-PRES |
DU | DI-MAN-CHE.

PSAU-ME 109.

LE | Sei-gneur | a | dit | à | mon | Sei-gneur: | So-yez | as-sis | à | ma | droi-te.

Tan-dis | que | ter-raſ-ſant | vos | en-ne-mis, | je | les | fe-rai | ſer-vir | d'eſ-ca-beau | à | vos | pieds.

Le | Sei-gneur | fe-ra | ſor-tir | de | Si-on | le | ſcep-tre | de | vo-tre | puiſ-ſan-ce, | pour | é-ten-dre | vo-tre | em-pi-re | au | mi-lieu | des | na-ti-ons | qui | vous | ſont | en-ne-mies.

Vo-tre | peu-ple | ſe | ran-ge-ra | au-près | de | vous | au | jour | de | vo-tre | force, | é-tant | re-vê-tu | de | la | ſplen-deur | de | vos | Saints, | dès | le | mo-ment | de | vo-tre | naiſ ſan-ce, | qui | paroîtra au monde comme la rosée de l'aurore.

Le Seigneur a juré, et il ne se retractera point; vous êtes [dit-il] le Prêtre éternel selon l'ordre de Melchisedech.

Ce Dieu tout-puissant qui est à vos côtés, brisera l'orgueil des Rois au jour de sa fureur.

Il exercera sa justice sur toutes les nations; il couvrira les champs de corps morts, et cassera la tête à plusieurs mutins qui sont sur la terre.

Il boira en chemin des eaux du torrent, et par-là il s'élèvera dans la gloire.

Gloire soit au Père, etc.

roî-tra | au | mon-de | com-me | la | ro-sée | de | l'au ro-re.

Le | Sei-gneur | a | ju-ré, | et | il | ne | se | re-trac-te-ra | point : | vous | ê-tes, | [dit-il] | le | Prê-tre | é-ter-nel | se-lon | l'or-dre | de | Mel-chi-se-dech.

Ce | Dieu | tout- | puis-sant | qui | est | à | vos | cô-tés, | bri-se-ra | l'or-gueil | des | Rois | au | jour | de | sa | fu-reur.

Il | e-xer-ce-ra | sa | jus-ti-ce | sur | tou-tes | les | na-ti-ons ; | il | cou-vri-ra | les | champs | de | corps | morts , | et | cassera | la | tê-te | à | plu-si-eurs | mu-tins | qui | sont | sur | la | ter-re.

Il | boi-ra | en | che-min | des | eaux | du | tor-rent, | et | par- | là | il | s'é-lè-ve-ra | dans | la | gloi-re.

Gloi-re | soit | au | Pè-re, | etc.

Psaume 110.

Seigneur, je confesserai vos louanges de tout mon cœur, les publiant dans la société des justes, et dans l'assemblée des fidèles.

Les ouvrages du Seigneur sont grands ; et ceux qui les considèrent ne peuvent se lasser de les admirer.

La gloire et la magnificence paroissent dans les ouvrages de ses mains : sa justice demeure inviolable pendant l'éternité.

Il nous font célébrer la mémoire de ses merveilles : le bon et miséricordieux Seigneur qu'il est, il nourrit ceux qui le servent avec crainte.

Psau-me 110.

Sei-gneur, | je | con-fes-se-rai | vos | lou-an ges | de | tout | mon | cœur, | les | pu-bli-ant | en | la | so-ci-é-té | des | Jus-tes, | et | dans | l'as-sem-blée | des | fidèles.

Les | ou-vra ges | du | Sei-gneur | sont | grands, | et | ceux | qui | les | con si dè-rent | ne | peu-vent | se | las-ser | de | les | ad-mi-rer.

La | gloi-re | et | la | ma-gni-fi-cen-ce | pa-rois-sent | dans | les | ou-vra-ges | de | ses | mains : | sa | jus-ti-ce | de-meu-re | in-vio-la-ble | pen-dant | l'é-ter-ni-té.

Il | nous | faut | cé-lé-brer | la | mé-moi-re | de | ses | mer-veil-les : | le | bon | et | mi-sé-ri-cor-dieux | Sei-gneur | qu'il | est, | il | nour-rit | ceux | qui | le | ser-vent | a-vec | crain-te.

Il n'y a point de siècles ni de durée qui lui fasse perdre le souvenir de son alliance : il fera paroître à son peuple la vertu de ses exploits.

Il augmentera son héritage par les biens des nations infidèles, et l'on verra par les ouvrages de ses mains la vérité de ses promesses, et l'infaillibilité de ses jugemens.

Rien ne pourra jamais ébranler la force de ses lois, fondées sur la durée de l'éternité, composées selon les règles de la vérité et de la justice.

Il lui a plu d'envoyer un Sau-

Il | n'y | a | point | de | siè-cle | ni | de | du-rée | qui | lui | fas-sent | per-dre | le | sou-ve-nir | de | son | al-li-an-ce : | il | fe-ra | pa-roî-tre | à | son | peu-ple | la | ver-tu | de | ses | ex-ploits.

Il | aug-men-te-ra | son | hé-ri-ta-ge | par | les | biens | des | na-ti-ons | in-fi-dè-les, | et | l'on | ver-ra | par | les | ou-vra-ges | de | ses | mains | la | vé-ri-té | de | ses | pro-mes-ses, | et | l'in-fail-li-bi-li-té | de | ses | ju-ge-mens.

Rien | ne | pour-ra | ja-mais | é-bran-ler | la | for-ce | de | ses | lois, | fon-dées | sur | la | du-rée | de | l'é-ter-ni-té, | com-po-sées | se-lon | les | ré-gles | de | la | vé-ri-té | et | de | la | jus-ti-ce.

Il | lui | a | plu | d'en-vo-yer | un | Sauveur à son peuple, et de faire avec lui une alliance pour toute l'éternité.

Son nom saint et redoutable nous fait assez voir que le commencement de la sagesse est la crainte du Seigneur.

En effet, il n'y a que des personnes bien avisées qui observent ses préceptes : et leurs louanges subsisteront durant toute l'éternité.

Gloire soit au Père, etc.

PSAUME 101.

HEUREUX est l'homme qui sert le Seigneur avec crainte, il ne trouve point de plaisir qui égale celui d'exécuter ses commandements.

Sa postérité sera puissante sur

veur | à | son | peu-ple | et | de | faire | a-vec | lui | u-ne | al-li-an-ce | pour | tou-te | l'é-ter-ni-té.

Son | nom | saint | et | re-dou-ta-ble | nous | fait | as-sez | voir | que | le | com-men-ce-ment | de | la | sa-ges-se | est | la | crain-te | du | Sei-gneur.

En | ef-fet, | il | n'y | a | que | des | per-son-nes | bien | a-vi-sées | qui | ob-ser-vent | ses | pré cep-tes : | et | leurs | lou-anges | sub-sis-te-ront | du-rant | tou-te | l'é-ter-ni-té.

Gloi-re | soit | au | Père, | etc.

PSAU-ME III.

HEU-REUX | est | l'homme | qui | sert | le | Sei-gneur | avec | crain-te, | il | ne | trouve | point | de | plaisir | qui | é-ga-le | ce-lui | d'exécuter | ses | com-mandemens.

Sa | pos-té-ri-té | se-ra | puis-san-te | sur |

la terre, et la race des justes sera comblée de bénédictions.

La gloire et les richesses rendront sa maison florissante; et son équité subsistera éternellement.

Ainsi la lumière se répand sur les bons parmi les ténèbres, parce que le Seigneur est juste, pitoyable et miséricordieux.

L'homme qui, sensible aux afflictions de son prochain, l'assiste selon sa commodité, et qui règle ses paroles et ses actions sur les préceptes de la justice, est vraiment heureux, parce qu'il ne sera jamais ébranlé.

Sa mémoire sera immortelle, et il ne craindra point que les langues médisantes déshonorent

la | ter-re, | et | la | ra-ce | des | jus-tes | se-ra | com-blée | de | bé-né-dic-ti-ons.

La | gloi-re | et | les | ri-ches-ses | ren-dront | sa | mai-son | flo-ris-san-te, | et | son | é-qui-té | sub-sis-te-ra | é-ter-nel-le-ment.

Ain-si | la | lu-miè-re | se | ré-pand | sur | les | bons | par-mi | les | ténè-bres, | par-ce | que | le | Sei-gneur | est | jus-te, | pi-to-ya-ble | et | mi-sé-ri-cor-di-eux.

L'hom-me | qui, | sen-si-ble | aux | af-flic-ti-ons | de | son | pro-chain, | l'as-sis-te | se-lon | sa | com-mo-di-té, | qui | rè-gle | ses | pa-ro-les | et | ses | ac-ti-ons | sur | les | pré-cep-tes | de | la | jus-ti-ce, | est | vrai-ment | heu-reux, | par-ce | qu'il | ne | se-ra | ja-mais | é-bran-lé.

Sa | mé-moi-re | se-ra | im-mor-tel-le, | et | il | ne | crain-dra | point | que | les | lan-gues | mé-di-san-tes | dés-ho-no-rent sa réputation.

Son cœur est disposé à mettre toute sa confiance au Seigneur, sans avoir aucune pensée de l'en détourner jamais : il ne craint rien, et il attend avec confiance la déroute de ses ennemis.

Et parce que dans la distribution de ses biens, il en a usé libéralement envers les nécessiteux : sa justice demeurera éternellement, et sa puissance sera honorée de tout le monde.

Les méchans voyant cela, créveront de dépit, de rage ils en grinceront les dents, ils en sécheront de colère : mais ils seront frustrés de leur attente, car les

sa | ré-pu-ta-tion.

Son | cœur | dis-po-sé | à | met-tre | tou-te | sa | con-fi-an-ce | au Sei-gneur, | sans | a-voir | au-cu ne | pen-sée | de | l'en | dé-tour-ner | ja-mais : | il | ne | craint | rien, | et | il | at-tend | avec | con-fi-ance | la | dé-rou-te | de | ses | en-ne-mis.

Et | par-ce | que | dans | la | dis-tri-bu-ti-on | de | ses | biens, | il | en | a | usé | li-bé-ra-le-ment | en-vers | les | né-ces-si-teux ; | sa jus-ti-ce | de-meu-re-ra | é-ter-nel-le-ment, | et | sa | puis-san-ce | se-ra | ho-no-rée | de | tout | le | mon-de.

Les | mé-chans | vo-yant | ce-la, | crè-ve-ront | de | dé-pit, | de | ra-ge, | ils | en | grin-ce-ront | les | dents, | ils | en | sé-che-ront | de | co-lè-re ; | ils | se-ront | frus-trés | en | leur | at-ten-te, | car | les |

désirs des méchans périront.

Gloire soit au Père, etc.

PSAUME 112.

ENFANS, qui êtes appelés au service du Seigneur, louez son saint Nom.

Que le nom du Seigneur soit béni dès-à-présent, et pendant toute l'éternité.

Car depuis le Soleil levant jusqu'au point qu'il se couche, le nom du Seigneur mérite des louanges.

Le Seigneur est exalté par-dessus toutes les nations, sa gloire est élevée par-dessus les Cieux.

Qui est-ce donc qui peut entrer en comparaison avec le Seigneur

é-sirs | des | mé-chans | pé-ri-ront.

Gloi-re | soit | au | Pè-re, | etc.

PSAU-ME 112.

EN-FANS, | qui | ê-tes | ap-pe-lés | au | ser-vi-ce | du | Sei-gneur, | lou-ez | on | saint | Nom.

Que | le | nom | du | Sei-gneur, | soit | é-ni | dès- | à- | pré-sent, | et | pen-dant | ou-te | l'é-ter-ni-té.

Car | de-puis | le | so-leil | le-vant | jus- u'au | point | qu'il | se | cou-che, | le | om | du | Sei-gneur | mé-ri-te | des | ou-an-ges.

Le | Sei-gneur | est | e-xal-té | par-des- us | tou-tes | les | na-ti-ons, | sa | gloi-re | st | é-le-vée | par-des-sus | les | Cieux.

Qui | est-ce | donc | qui | peut | en-trer | n | com-pa-rai-son | a-vec | le | Sei-gneur |

notre Dieu, qui demeure là haut, et qui s'abaisse toutefois jusqu'à considérer les choses qui sont dans le ciel et sur la terre.

Il relève les misérables de la poussière, et retire les plus pauvres de la fange.

Pour les établir dans les charges honorables, pour leur faire part du gouvernenent des affaires avec les Princes de son peuple.

Qui rend féconde la femme stérile et la rend joyeuse, la faisant mère de plusieurs enfants.

Gloire soit au Père, etc.

PSAUME 113.

EN cette mémorable sortie que fit Israël hors de l'Egypte,

no-tre | Dieu, | qui | de-meu-re | là-haut, | et | qui | s'abais-se | tou-te-fois | jus-qu'à | con-si-dé-rer | les | cho-ses | qui | sont | dans | le | ciel | et | sur | la | ter-re.

Il | re-lè-ve | les | mi-sé-ra-bles | de | la | pous-siè-re : | et | re-ti-re | les | plus | pau-vres | de | la | fange.

Pour | les | é-ta-blir | dans | les | char-ges | ho-no-ra-bles, | pour | leur | fai-re | part | du | gou-ver-ne-ment | des | af-fai-res | avec | les | Prin-ces | de | son | peu-ple.

Qui | rend | fé-con-de | la | fem-me | sté-ri-le, | et | la | rend | jo-yeu-se, | la | fai-sant | mè-re | de | plu-sieurs | en-fans.

Gloi-re | soit | au | Père, | etc.

PSAU-ME 113.

EN | cet-te | mé-mo-ra-ble | sortie | que | fit | Is-ra-ël | hors | de | l'E-gyp-te, après que la maison de Jacob fut délivrée de la captivité où elle étoit réduite chez un peuple barbare.

Dieu choisit la Judée pour [y dresser son sanctuaire, et pour établir son empire en Israël.

La mer vit cette haute entreprise, et prit la fuite; le Jourdain, arrêtant ses eaux, les fit remonter du côté de sa source.

Les montagnes ont sauté comme les béliers, et les collines ont tressailli de joie dans les plaines, comme les petits agneaux auprès de leurs mères.

Mais, dites-nous, grande mer, qui est-ce qui vous épouvanta

a-près | que | la | mai-son | de | Ja-cob | fut | dé-li-vrée | de | la | cap-ti-vi-té | où | el-le | é-toit | ré-dui-te | chez | un | peu-ple | bar-ba-re.

Dieu | choi-sit | la | Ju-dée | pour | y | dres-ser | son | sanc-tuai-re, | et | pour | é-ta-blir | son | em-pi-re | en | Is-ra-ël.

La | mer | vit | cet-te | hau-te | en-tre-pri-se, | et | prit | la | fui-te; | et | le | Jour-dain, | ar-rê-tant | ses | eaux; | les | fit | re-mon-ter | du | côté | de | sa | sour-ce.

Les | mon-ta-gnes | ont | sau-té | com-me | les | bé-liers, | et | les | col-li-nes | ont | tres-sailli | de | joie | dans | les | plai-nes, | com-me | les | pe-tits | a-gneaux | au-près | de | leurs | mè-res.

Mais | di-tes- | nous, | gran-de | mer, | qui | est- | ce | qui | vous | é-pou-van-ta |

si fort, que vous vous retirâtes en fuyant; et vous, fleuve du Jourdain, qui vous fit retourner en arrière?

Vous, montagnes, pourquoi bondissiez-vous comme des agneaux auprès de leurs mères?

C'est que devant la face du Seigneur la terre s'est émue; c'est qu'elle a senti les agitations de la crainte en la présence du Dieu de Jacob.

Qui fait sortir des étangs de la pierre, et qui convertit les rochers en fontaines.

Non point à nous, Seigneur, non point à nous, mais à votre nom, donnez la gloire qui lui appartient.

si fort, que vous vous re-ti-râ-tes en fuyant; et vous, fleuve du Jourdain, qui vous fit retourner en ar-riè-re?

Vous, montagnes, pour-quoi bon-dis-siez-vous com-me des a-gneaux au-près de leurs mè-res?

C'est que de-vant la fa-ce du Seigneur la terre s'est é-mue; c'est qu'el-le a senti les a-gi-ta-tions de la crainte en la pré-sen-ce du Dieu de Jacob.

Qui fait sortir des étangs de la pier-re, et qui con-ver-tit les ro-chers en fon-tai-nes.

Non point à nous, Sei-gneur, non point à nous, mais à vo-tre nom don-nez la gloi-re qui lui ap-par-tient.

A cause de la grandeur de votre miséricorde, et de la vérité de vos promesses, afin que les Nations ne disent point : où est leur Dieu ?

Car il est au ciel, où il fait tout ce qu'il lui plaît, sans que sa puissance soit limitée.

Mais les simulacres des Gentils sont or et argent, ouvrages des mains des hommes.

Ils ont une bouche et ne parlent point ; ils ont des yeux et ne voient rien.

Ils ne sont pas capables d'écouter avec leurs oreilles, ni de flairer avec leurs narines.

Leurs mains sont inutiles pour

A | cau-se | de | la | gran-deur | de | vo-tre | mi-sé-ri-cor-de, | et | de | la | vé-ri-té | de | vos | pro-mes-ses, | a-fin | que | les | Na-ti-ons | ne | di-sent | point : | où | est | leur | Dieu ?

Car | il | est | au | Ciel | où | il | fait | tout | ce | qu'il | lui | plaît, | sans | que | sa | puis-san-ce | soit | li-mi-tée.

Mais | les | si mu-la-cres | des | Gen-tils | sont | or | et | ar-gent, | ou-vra-ges | des | mains | des | hom-mes.

Ils | ont | u-ne | bou-che | et | ne | par-lent | point ; | ils | ont | des | yeux | et | ne | voient | rien.

Ils | ne | sont | pas | ca-pa-bles | d'é-cou-ter | a-vec | leurs | o-reil-les, | ni | de | flai-rer | a-vec | leurs | na-ri-nes.

Leurs | mains | sont | i-nu-ti-les | pour |

toucher, leurs pieds sont incapables de marcher ; ils ne sauraient rendre aucun son de leur gorge.

Que ceux-là qui les font, leur puissent ressembler, et tous les hommes qui mettent en eux leur confiance.

La maison d'Israël a mis toute son espérance au Seigneur, qui est prêt à son secours : car il est son protecteur.

La maison d'Aaron a espéré en sa seule bonté ; il est son appui et son protecteur.

Ceux qui craignent le Seigneur, se confient en lui : il est leur refuge et leur protecteur.

tou-cher, leurs pieds sont in-ca-pa-bles de marcher; ils ne sau-raient ren-dre au-cun son de leur gorge.

Que ceux-là qui les font, leur puis-sent res-sem-bler, et tous les hom-mes qui met-tent en eux leur con-fi-an-ce.

La maison d'Israël a mis tou-te son es-pé-ran-ce au Sei-gneur, qui est prêt à son se-cours : car il est son pro-tec-teur.

La mai-son d'A-a-ron a es-pé-ré en sa seu-le bon-té; il est son ap-pui et son pro-tec-teur.

Ceux qui crai-gnent le Sei-gneur, se con-fient en lui; il est leur re-fu-ge et leur pro-tec-teur.

Le Seigneur s'est souvenu de nous, et nous a donné sa bénédiction : il a comblé de faveurs la maison d'Israël; il a béni la maison d'Aaron.

Il a répandu ses grâces sur tous ceux qui révèrent sa puissance, depuis les plus grands jusqu'aux plus petits.

Que le Seigneur vous favorise incessamment vous et vos enfans.

Puisque vous êtes aimés du Seigneur, qui a fait le ciel et la terre.

Le Seigneur a choisi le Ciel très-haut pour sa demeure, et il a donné la terre aux enfans des hommes (afin d'y habiter.)

Le | Sei-gneur | s'est | sou-ve-nu | de | nous, | et | nous | a | don-né | sa | bé-né-dic-ti-on : | il | a | comblé | de | fa-veurs | la | mai-son | d'Is-ra-ël; | il | a | bé-ni | la | mai-son | d'A-a-ron.

Il | a | ré-pan-du | ses | grâ-ces | sur | tous | ceux | qui | ré-vè-rent | sa | puis-san-ce, | de-puis | les | plus | grands | jus-qu'aux | plus | pe-tits.

Que | le | Sei-gneur | vous | fa-vo-ri-se | in-ces-sam-ment | vous | et | vos | en-fans.

Puis-que | vous | êtes | ai-més | du | Sei-gneur, | qui | a | fait | le | ciel | et | la | ter-re.

Le | Seigneur | a | choi-si | le | Ciel | très-haut | pour | sa | de-meu-re, | et | il | a | donné | la | ter-re | aux | en-fans | des | hom-mes | [a-fin | d'y | ha-bi-ter.]

Cependant, Seigneur, les morts ne vous louent point, ni ceux qui descendent dans les lieux profonds.

Mais nous qui vivons, rendons continuellement des actions de grâces au Seigneur, et reconnoissons à jamais ses faveurs.

Gloire soit au Père, etc.

HYMNE.

CRéateur excellent de la lumière, qui produisez celle des jours, préparant l'origine du monde par le commencement d'une clarté toute nouvelle.

Vous avez ordonné qu'on appellerait jour, le matin joint avec le soir, débrouillant l'horrible

Ce-pen-dant, | Sei-gneur, | les | morts | ne | vous | louent | point, | ni | ceux | qui | des-cen-dent | dans | les | lieux | pro-fonds.

Mais | nous | qui | vi-vons, | ren-dons | con-ti-nuel-le-ment | des | ac-ti-ons | de | grâ-ces | au | Sei-gneur, | et | re-con-nois-sons | à | ja-mais | ses | fa-veurs.

Gloi-re | soit | au | Pè-re, | etc.

HYM-NE.

CRé-a-teur | ex-cel-lent | de | la | lu-mi-è-re, | qui | pro-dui-sez | cel-le | des | jours, | pré-pa-rant | l'o-ri-gi-ne | du | monde | par | le | com-men-ce-ment | d'u-ne | clar-té | tou-te | nou-vel-le.

Vous | a-vez | or-don-né | qu'on | ap-pel-le-roit | jour, | le | ma-tin | joint | a-vec | le | soir, | dé-brouil-lant | l'hor-ri-ble |

confusion des choses, entendez nos prières qui sont accompagnées de larmes.

De peur que l'esprit opprimé par les crimes ne soit privé des biens de la vie, tandis que ne songeant point à méditer les choses éternelles, il se précipite dans les liens du péché.

Qu'il pousse ses désirs jusques dans le Ciel; qu'il remporte le prix de la vie : évitons tout ce qui lui peut être contraire ; et par une sainte pénitence, purgeons notre âme de toutes ses iniquités.

Faites-nous cette faveur, Père très-saint , vous son Fils unique,

con-fu-si-on | des | cho-ses, | en-ten-dez | nos | pri-è-res | qui | sont | ac-com-pa-gnées | de | lar-mes.

De | peur | que | l'es-prit | op-pri-mé | par | les | cri-mes | ne | soit | pri-vé | des | biens | de | la | vie, | tan-dis | que | ne | son-geant | point | à | mé-di-ter | les | cho-ses | é-ter-nel-les, | il | se | pré-ci-pi-te | dans | les | liens | du | pé-ché.

Qu'il | pous-se | ses | dé-sirs | jus-ques | dans | le | Ciel; | qu'il | rem-por-te | le | prix | de | la | vie | é-vi-tons | tout | ce | qui | lui | peut- | ê-tre | con-trai-re; | et | par | u-ne | sain-te | pé-ni-ten-ce, | pur-geons | no-tre | â-me | de | tou-tes | ses | i-ni-qui-tés.

Fai-tes- | nous | cet-te | fa-veur, | Pè-re | très-saint, | vous | son | fils | u-ni-que, et vous, Esprit consolateur, qui régnez à perpétuité. Ainsi soit-il.

CANTIQUE DE LA VIERGE.

MON âme glorifie le Seigneur, Et mon Esprit s'est réjoui en Dieu auteur de mon salut.

Parce qu'il a regardé favorablement la bassesse de sa servante, c'est pourquoi je serai appelée bienheureuse dans la suite de tous les âges.

Car le Tout-puissant a opéré en moi de grandes merveilles, et son nom est saint.

Sa miséricorde passe de lignée en lignée, en tous ceux qui le servent avec crainte.

et | vous, | Es-prit | con-so-la-teur, | qui | ré-gnez | à | per-pé-tui-té. | Ain-si | soit- | il.

CAN-TI-QUE | DE | LA | VIER-GE.

Mon | â-me | glo-ri-fie | le | Sei-gneur, | et | mon | es-prit | s'est | ré-joui | en | Dieu, | au-teur | de | mon | sa-lut.

Par-ce | qu'il | a | re-gar-dé | fa-vo-ra-ble-ment | la | bas-ses-se | de | sa | ser-vante, | c'est | pour-quoi | je | se-rai | ap-pe-lée | bien-heu-reuse | dans | la | suite | de | tous | les | â-ges.

Car | le | Tout-puis-sant | a | o-pé-ré | en | moi | de | gran-des | mer-veil-les, | et | son | nom | est | saint.

Sa | mi-sé-ri-corde | pas-se | de | li-gnée | en | li-gnée, | en | tous | ceux | qui | le | ser-vent | avec | crain-te.

Il a fait paroître la force de son bras, faisant avorter les desseins des superbes.

Il a fait descendre les puissans de leurs trônes, et a élevé les petits.

Il a rempli de biens les nécessiteux, et a reduit les riches à la mendicité.

Il a pris en sa protection son serviteur Israël, s'étant ressouvenu de sa miséricorde.

Selon la parole qu'il en avait donnée à nos Pères, à Abraham et à toute sa postérité pour jamais.

Gloire soit au Père, etc.

Il | a | fait | pa-roî-tre | la | for-ce | de | son | bras | fai-sant | a-vor-ter | les | des-seins | des | su-per-bes.

Il | a | fait | des-cen-dre | les | puis-sans | de | leurs | trô-nes, | et | a | é-le-vé | les | pe-tits.

Il | a | rem-pli | de | biens | les | né-ces-si-teux, | et | a | ré-duit | les | ri-ches | à | la | men-di-ci-té.

Il | a | pris | en | sa | pro-tec-tion | son | ser-vi-teur | Is-ra-ël, | s'é-tant | res-sou-ve-nu | de | sa | mi-sé-ri-cor-de.

Se-lon | la | pa-ro-le | qu'il | en | a-voit | don-née | à | nos | Pè-res, | à | A-bra-ham | et | à | tou-te | sa | pos-té-ri-té | pour | ja-mais.

Gloi-re | soit | au | Pè-re, | etc.

Oraison
A SAINTE GENEVIEVE,

PATRONNE DE PARIS.

HEureuse Sainte, qui avez été choisie de Dieu entre tant d'autres pour être la Patronne de la plus grande Ville du monde, prenez encore, je vous prie, le soin de ma personne en particulier, et en conduisant ce navire, jettez parfois quelques regards sur moi, pour me servir d'intelligence et de guide durant cette navigation, où il y a tant de périls, et où on voit tant de naufrages. C'est donc entre vos bras, ô ma très-chère Patronne, que je me jette, et ce

O-RAI-SON

A | SAIN-TE | GEN-NE-VIE-VE,

PA-TRON-NE | DE | PA-RIS.

HEu-reu-se | Sainte, | qui | a-vez | été | choi-sie | de | Dieu | en-tre | tant | d'autres | pour | être | la Pa-tron-ne | de | la | plus | gran-de | ville | du | monde, | pre-nez | en-co-re, | je | vous | prie, | le | soin | de | ma | per-son-ne | en | par-ti-cu-lier, | et | en | con-dui-sant | ce | Na-vi-re, | je-tez | par-fois | quel-ques | re-gards | sur | moi, | pour | me | ser-vir | d'in-telligence | et | de | gui-de | du-rant | cet-te | na-vi-ga-tion | où | il | y | a | tant | de | pé-rils, | et | où | on | voit | tant | de | nau-fra-ges. | C'est | donc | en-tre | vos | bras, | ô | ma | très- | chère | Pa-tron-ne, | que | je | me | jet-te, | et | ce sont les aimables lumières de votre divin flambeau que je veux suivre; afin qu'en cette vie ayant été par votre moyen délivré de toutes sortes d'ennemis visibles et invisibles, je puisse pour jamais vivre en paix dans le sein de mon Dieu, qui doit être le port de mes plus fidèles amours et de mes espérances.

FIN.

sont | les | ai-ma-bles | lu-mi-è-res | de | vo-tre | di-vin | flam-beau | que | je | veux | sui-vre, | a-fin | qu'en | cet-te | vie | a-yant | é-té | par | vo-tre | mo-yen | dé-li-vré | de | tou-tes | sor-tes | d'en-ne-mis | vi-si-bles | et | in-vi-si-bles, | je | puis-se | pour | ja-mais | vi-vre | en | paix | dans | le | sein | de | mon | Dieu, | qui | doit | ê-tre | le | port | de | mes | plus | fi-dè-les | a-mours | et | de | mes | es-pé-ran-ces.

FIN.

www.ingramcontent.com/pod-product-compliance
Lightning Source LLC
Chambersburg PA
CBHW070518100426
42743CB00010B/1854